AF266180

LE PREMIER CRI

DE LA SAVOIE

VERS LA LIBERTÉ.

LE PREMIER CRI
DE LA SAVOIE
VERS LA LIBERTÉ;

Par CC**A. Grenadier Patriote.

Quod petis, hîc eft. HORAT. *ad Bulliatium.*

A CHAMBERY,

De l'Imprimerie de L. GORRIN, Imprimeur du Roi & du Sénat.

Et fe trouve, A PARIS,

AU CABINET BIBLIOGRAPHIQUE, rue de la Monnoie, N°. 5.

M. DCC. XCI.

LE PREMIER CRI
DE LA SAVOIE
VERS LA LIBERTÉ.

ON ne connoît généralement pas la Savoie. Les émigrations périodiques d'un grand nombre de ses Habitants, portent quelquefois le Philosophe à tourner ses regards sur cette partie intéressante des Alpes, qui forme la ligne de démarcation entre la France & l'Italie. Mais ce pays ayant été mal décrit par tous nos Voyageurs & Géographes, l'ami de l'humanité fort peu satisfait de ses observations. L'infertilité & les désavantages du climat de cette partie de l'ancienne contrée des Allobroges, sont ou ignorées, ou exagérées. Personne n'a bien observé les causes de la pauvreté de ce Peuple, & si quelqu'un les a trouvées, il a craint ou dédaigné de les révéler.

Ce que personne ne fit, je l'entreprends : l'humanité m'y invite, le bonheur de mes Concitoyens & l'amour inaltérable de ma Patrie me le commandent.

A 2

La poſition topographique de la Savoie, la nature de ſon ſol & ſes productions ne comportent peut-être pas ces grands établiſſements qui font la richeſſe des Etats, & les élevent ſouvent, malgré leur peu d'étendue, au plus haut degré de fortune & de grandeur ; cependant elle ſeroit ſuſceptible d'une ſorte de proſpérité, de celle, par exemple, dont jouit ſur un terrein à-peu-près ſemblable, une grande partie des Habitants de la Suiſſe.

Mais loin d'avoir cette fortune qui convient à ſa poſition, la Savoie ſe trouve aujourd'hui dans un état affreux de dépériſſement, ſans argent, ſans commerce, ſans moyens pour en établir ; elle eſt comme enſevelie dans un néant politique. En vain de temps en temps les efforts de quelques Particuliers ont voulu lui donner une eſpece d'exiſtence ; en vain ils ont eſſayé d'y établir quelques foibles manufactures ; toujours gênées par les entraves du Gouvernement, les unes ſont tombées dès leur náiſſance, & les autres languiſſent encore dans une obſcure inaction.

L'Agriculture, qui ne trouve pas dans des villes pauvres & ſans activité un aſſez grand véhicule, y eſt très-négligée : les beſoins impérieux de la nature excitent ſeuls les Laboureurs à cultiver péniblement un terrein difficile, qui fournit à peine à leur ſubſiſtance.

Les bois & les forêts, dont les coupes ne font foumifes à aucun régime, éprouvent une dégradation très-fenfible. Les montagnes paroiffent entiérement dépouillées ; le prix du bois qui augmente confidérablement chaque année, annonce une difette très-prochaine.

Toutes les branches du commerce, de l'agriculture & des arts étant dans la fituation la plus défaftreufe, la jeuneffe des villes & des campagnes ne peut y trouver aucun moyen de s'y faire un établiffement pour fubfifter; elle fe voit donc dans la néceffité de s'expatrier, ou d'y vivre dans un malheureux défœuvrement.

Les feules reffources qui lui reftent, font les Cloîtres, l'Eglife, le Barreau & l'Etat militaire; mais quelles reffources ! Aucune d'elles ne fert à la profpérité du pays; aucune d'elles ne contribue à vivifier l'Agriculture, toutes au contraire tendent à deffécher les branches productives. Ainfi dans la Savoie, au lieu d'atteliers & de manufactures propres à la rendre active, l'on ne voit que des Couvents, des Cafernes, des Corps-de-gardes & quelques études de Gens d'affaires ; les villes ne paroiffent peuplées que de Moines, de Soldats, de plaideurs, de défœuvrés & de mendiants.

Encore fi toutes les places de l'Adminiftration étoient remplies par des Habitants du pays, elles

A 3

pourroient être pour eux des motifs d'émulation ;
mais un grand nombre de Commiſſions de Juges
dans le Sénat de Savoie, celles des Avocats-gé-
néraux, des Intendants, des Gouverneurs & des
Commandants ſont ordinairement données à des
Piémontois ; il ne reſte aux Savoiſiens que quelques places ſubalternes & très-peu lucratives (1).

Ce qui prouve combien le découragement de-
vient général, combien chaque jour les reſſources
diminuent, cè ſont les émigrations qui ne ſe fai-
ſoient jadis que des montagnes, & qui maintenant
ſe font vivement ſentir dans les villes : auſſi quel
nombre d'émigrans ne trouve-t-on pas dans toutes
les contrées de la France & de l'Europe, où leur
franchiſe, leur bonne-foi, leur économie, leur
intelligence & les autres qualités morales qui les
caractériſent, les font aimer & accueillir dans
toutes les claſſes de la Société ?

Et qui ſont ceux qui quittent leur Patrie, à
laquelle cependant ils ſont tous attachés ? Ce ſont
des Sujets actifs, induſtrieux, qui, trouvant toutes
les reſſources épuiſées, toutes les places remplies,
ne peuvent ſe condamner à vivre dans une éter-
nelle & pénible oiſiveté. Ainſi la Savoie ſe trouve

______

(1) La commotion françoiſe s'eſt fait reſſentir à Turin.
Le Gouvernement vient de nommer enfin des Sujets Savoiſiens à quelques places.

fouvent privée des Sujets les plus inftruits & les plus laborieux.

Mais pourquoi, dira-t-on, n'emploient-ils leurs talents & leur activité dans leur propre Patrie ? Eh ! que peuvent quelques mouvements particuliers amortis par le Gouvernement, lorfque le mouvement général n'eft pas donné à toute la machine par ceux qui doivent en diriger tous les refforts ?

Peut-être, pourra-t-on dire encore, les Habitants de la Savoie ne peuvent-ils faire parvenir leurs réclamations à la Cour de Turin ? Leurs Princes qui fe font acquis depuis long-temps la réputation d'être juftes & modérés, ne les prendroient-ils pas dans la plus férieufe confidération, afin de changer le fort d'un Peuple qui de tout temps leur a donné tant de témoignages d'amour & d'affection ? Ce font-là fans doute les queftions qui peuvent d'abord fe préfenter ; mais ceux qui fauront qu'il n'exifte dans la Savoie aucun Corps qui la repréfente, qui puiffe faire des remontrances ou des réclamations ; que le Sénat (1) n'a d'autres fonctions que celles de juger ; que les principaux emplois, comme il a été dit, ne font occupés que par des

____

(1) Le Gouvernement a ôté fucceffivement à ce Corps toute autre fonction que celle de Juges.

A 4

Piémontois, ennemis nés de la Savoie, par orgueil & prévention nationale ; que les plaintes de quelques Particuliers, ou ne font pas entendues, ou font étouffées par les Agents ministériels qui environnent le Trône ; ceux-là ne feront pas étonnés que l'on n'apporte aucun changement à l'état déplorable de ce pays.

Ce n'eft pas cependant fa pauvreté qui le rend le plus malheureux. L'Habitant de la Savoie s'accoutume aifément à toutes les privations du luxe. Des ameublements fomptueux, des palais fuperbes ne font pas néceffaires à fon bonheur ; les Scythes étoient heureux au milieu de leurs déferts, en traînant fur leurs charriots leurs maifons errantes ; les Suiffes le font au milieu de leurs montagnes. La liberté fuffit pour embellir les plus fimples demeures ; mais la Savoie eft tout-à-la-fois pauvre & efclave : elle eft foumife au Gouvernement le plus arbitraire qui foit en Europe : les impofitions n'y font réglées que par la volonté feule du Souverain, ou plutôt des Miniftres, & le fardeau n'en eft point auffi léger qu'on a voulu le faire croire. Si l'on confidere les impofitions de la Savoie, relativement à la foibleffe de fes reffources, à la quotité de fon numéraire, elles font beaucoup plus confidérables qu'elles ne l'étoient en France, même fous l'ancien régime ; & c'eft une obfervation qui fouvent a été faite fur les frontieres par les Habitants des deux Royaumes.

C'eft peu que la fixation des impôts foit arbitraire, ce n'eft qu'une violation affez ordinaire du droit de propriété. Il eft une atteinte bien plus grave & plus directe aux droits de l'humanité & des Citoyens, & qui eft une fource continuelle de vexations & d'injuftices, ce font les jugements militaires. La Police, qui ne devroit être confiée qu'à des Magiftrats civils, y eft exercée par des Majors & des Commandants Piémontois. Un ordre de leur part peut arracher au milieu de la nuit, fur le moindre prétexte, un pere, un époux du fein de fa famille, & le plonger dans une prifon, chargé de chaînes, & fouvent la peine la plus flétriffante (1) l'attend au fortir des cachots. Les Commandants font les Juges, & les Soldats les exécuteurs de cette Juftice arbitraire (2).

Citoyens de toutes les Nations, vous tous à qui les droits de l'humanité font connus, eft-ce donc là, dites-nous, un Gouvernement dont on puiffe vanter la douceur & la modération? Plai-

---

(1) Les coups de bâtons.

(2) On en a pour preuve toute récente, le trait defpotique du Gouverneur de Chambery, arrivé le 30 Décembre 1790, que tous les Journaliftes fe font empreffés de rendre public.

gnez, plaignez le paifible Habitant de la Savoie, dont les qualités fociales feroient dignes d'un meilleur fort.

Cependant de jour en jour le defpotifme ultramontain s'appefantit avec plus de rigueur fur cette malheureufe contrée. L'appareil de la guerre y eft déployé, pour la préferver, dit-on, de l'épidémie françoife, & l'on rive fes fers à mefure qu'elle paroît prendre quelque élan vers la liberté. Eft-ce ainfi que l'on veut faire fon bonheur ? Peut-on douter que le voifinage d'un Peuple libre dont elle a toujours aimé & adopté le langage, les mœurs & les habitudes, ne lui rendent fon joug encore plus infupportable ?

Après avoir tracé le tableau fidele & rapide de l'état aftuel de la Savoie, entrons dans quelques détails fur les caufes de fon dépériffement.

L'une des principales eft l'épuifement du numéraire, occafionné par les impôts & les importations.

Les impofitions, dans tous les Etats du Roi de Sardaigne, pefent également & fans diftinftion fur toutes les claffes des Citoyens ; & c'eft fur les terres fur-tout qu'elles font réparties, par le moyen d'un cadaftre général.

Cet ouvrage, s'il n'eût pas été de la part du Miniftere une opération purement fifcale, un moyen plus sûr & plus facile d'extraire d'un trait de plume la substance du Peuple ; cet ouvrage, dis-je, pouvoit être très-utile à la Savoie, en ce qu'il présente un tableau très-exact du pays, & qu'il entre dans les plus grands détails sur les limites, la valeur & la fixation des propriétés. Mais cette opération, bonne en soi, est devenue un instrument redoutable d'oppression entre les mains du despotisme ; chaque année les impositions prennent de nouveaux accroissements, & de toutes celles qui se versent au Trésor-Royal à Chambéry, le sixieme seulement est employé pour les charges publiques en Savoie ; le reste va s'engloutir au-delà des Alpes, pour n'en plus revenir.

Et comment en reviendroit-il ? Il n'existe presqu'aucun commerce entre la Savoie & le Piémont. Les marchandises importées de la premiere de ces Provinces dans l'autre, sont sujettes aux visites du fisc & à des droits, comme celles de France en Savoie ; de sorte que le Gouvernement Piémontois paroît opposer à l'industrie Savoisienne la même barriere que la nature a mise entre les deux Peuples.

Outre les barrieres physiques & politiques qui les séparent, il en est d'autres qui sont purement morales ; telle est la différence de langage, de mœurs & de caractere.

L'Habitant de la Savoie eſt ſenſible, bon, affable aux étrangers ; il tient beaucoup, mais avec plus de ſimplicité, de la franchiſe & de la gaieté Françoiſe.

L'Habitant du Piémont voyage peu, il eſt plein par conſéquent d'une orgueilleuſe prévention pour ſon Pays ; il ne croit pas même qu'il exiſte rien d'égal à lui ; de-là l'eſprit de domination qui le tourmente, & qui n'eſt pas incompatible en lui avec l'eſprit de ſervitude. Il eſt environné de tous les préjugés politiques & religieux, & joint encore à l'âpreté de caractere qui lui eſt propre, toute la ſoupleſſe des autres Peuples d'Italie.

Cette différence ſi marquée de caractere eſt une des cauſes de la haine qui exiſte entre les deux Peuples ; haine plus violente peut - être que celle de deux ennemis ; auſſi ſe forme-t-il entr'eux peu d'alliances particulieres, quoique gouvernés par les mêmes Loix & le même Souverain, tandis que les Habitants de la Savoie s'uniſſent princi-palement avec ceux du Lyonnois & du Dauphiné, comme s'ils ne formoient entr'eux qu'un ſeul & même Peuple. Ainſi la tendance naturelle de la Savoie paroît être vers la France, & tout ſemble l'éloigner du Piémont.

Ce qui pourroit rapprocher les deux Peuples, & ramener en même temps quelque numéraire en Savoie, ce font les voyages du Roi & de la Famille Royale; mais les Savoisiens font même privés de cette reffource accidentelle & précaire (1); car dans l'efpace de plus de trente ans, ces fortes de voyages n'ont eu lieu qu'une feule fois, à l'occafion du mariage du Prince de Piémont; d'où l'on peut voir que les Rois de Sardaigne vifitent affez rarement le berceau de leur maifon & le Peuple qui verfa fon fang pour leur agrandiffement.

L'épuifement du numéraire eft encore occafionné par les importations de tous genres. Les draps & les étoffes en foie viennent de Lyon; les épiceries, de Marfeille; les toiles, des différents cantons de la France, & même de la Suiffe. Il eft encore beaucoup d'autres objets de commerce que l'on tire de Genève & de Grenoble; mais ils font fuffifamment connus dans le pays; je me difpenferai donc d'entrer dans de plus longs détails.

Une autre caufe de l'extraction du numéraire de la Savoie, mais bien moins confidérable que les deux autres, ce font les études que font obligés de faire à Turin tous ceux qui veulent prendre

____

(1) Dans les cas feulement de maladie, les Princes viennent aux bains d'Aix; mais ils apportent leurs denrées même du Piémont.

leurs grades en Droit (1), en Médecine & en Théologie. Les dépenses qu'elles exigent, soit pour les pensions & l'entretien, soit pour les theses & les différents grades, deviennent un fardeau très-pesant pour ceux qui les supportent, sur-tout dans un pays où les fortunes sont si médiocres ; & que rapportent-ils au bout de quelques années pour l'argent qu'ils laissent dans le Piémont ? quelques cahiers latins qu'ils ne lisent plus, de mauvais sonnets italiens que l'on a faits à leur louange, & souvent des teintes du caractere Piémontois, toujours plus de vices, & jamais plus de vertus & de savoir.

Depuis quelques années on a voulu procurer encore à la Savoie un autre moyen de se ruiner ; c'est la Loterie du Séminaire de Turin, établie sur le plan de la Loterie Royale de France. Ce n'est pas qu'elle y trouve beaucoup de joueurs. Les Savoisiens ne sont gueres susceptibles de se passionner pour ces sortes de chances désavantageuses ; cependant l'on sait que l'appât des Loteries réduit presque toujours la partie du Peuple la plus pauvre.

Un malheureux qui se noie,
S'attache, en périssant, au plus foible roseau.

Quelles sont les ressources qui peuvent faire

---

(1) On a établi à Chambery une Ecole de Droit ; mais on a paralysé cette Ecole dès sa création même, en ne comptant le temps qu'on la fréquente que pour moitié des années pendant lesquelles on étudie à Turin.

face à tant de caufes d'épuifement ? La premiere, & fans doute la plus confidérable de toutes, ce font les émigrations annuelles & périodiques des Habitants des montagnes qui paffent en France & dans la Suiffe vers le milieu de l'automne, & reviennent dans leur pays au commencement du printemps, y apportent le peu d'argent qu'ils ont amaffé par leurs travaux & leur économie.

Le chanvre, le vin & un peu de foie peuvent encore être comptés au nombre des reffources de la Savoie, auxquelles on peut ajouter le fer & le plomb (1) que l'on tranfporte en France & dans la Suiffe. Mais combien ces reffources font foibles & infuffifantes pour contre-balancer les différentes caufes qui l'épuifent !

A toutes les caufes de dépériffement de la Savoie, joignons encore l'abandon total qu'elle éprouve de la part du Miniftere, qui n'a avec elle d'autre rapport que celui des finances ; il lui laiffe & entretient même fa mifere ; il coupe l'arbre pour en prendre le fruit.

Cet abandon a produit dans les Habitants un engourdiffement général qui les empêche de fentir toute l'étendue de leurs maux. Ils vivent, il eft vrai, dans le calme, mais auffi dans une grande

---

(1) Prefque toutes les mines font exploitées par des Moines : la Chartreufe de Haillon s'en fait un gros revenu.

apathie fur leur fituation. L'efprit public a fait peu de progrès parmi eux , fi ce n'eft parmi les Bourgeois des Villes les plus inftruits, & dans ces derniers temps, où la révolution françoife en a produit une prefque générale dans les idées.

L'éducation qui forme les bons Citoyens & les Sujets utiles à la Patrie, ne contribue pas au rétabliffement de la Savoie. Les études y font très-négligées ; un peu de latin, la Philofophie & la Théologie fcholaftique en forment toute la bafe , & les Colleges Royaux femblent plutôt en général diriger l'inftruction de la jeuneffe vers les connoiffances religieufes, que vers les connoiffances humaines qui rendent utiles à la fociété ; rien n'y excite l'émulation des jeunes gens , & le zele des Profeffeurs, dont les appointemens font fi modiques, qu'ils leur fourniffent à peine de quoi vivre.

Auprès de cette parcimonie envers les hommes eftimables qui confacrent leur vie à l'inftruction de la jeuneffe, l'on remarque une nuifible profufion envers la Nobleffe de l'armée. Il n'eft pas rare de voir des Officiers encore jeunes, & dans toute la vigueur de l'âge, fe retirer avec de fortes penfions, qu'ils n'ont méritées ni par leurs bleffures, ni par la longueur de leurs fervices. Outre que ces récompenfes prématurées font à charge au tréfor royal, ou plutôt à l'Etat, elles plongent de bonne

heure

heure dans l'inutilité, des hommes qui commen-
çoient à peine à connoître leur métier.

Quel est donc le but de cette étrange prodi-
galité ? Le premier, c'est de ne point retarder
dans sa marche la Noblesse, qui tient aux Mi-
nistres & à la Cour, en éloignant tout ce qui
peut se trouver sur sa route. Le second, c'est d'avoir
de tous côtés des créatures & des soutiens du
despotisme. Ainsi le systême actuel du Gouvernement Piémontois, est de faire porter toutes les
graces sur le Corps Militaire, & de lui sacrifier
tous les autres intérêts de l'Etat ; mais, je le demande au nom de la Patrie, les Rois de Sardaigne peuvent-ils, sans provoquer eux - mêmes
leur propre ruine, soutenir les dépenses énormes
où s'éleve aujourd'hui l'Etat-Major de l'armée ?

L'on pourroit demander peut-être si l'état malheureux de la Savoie, vient de l'ignorance ou de la
négligence du Ministere. Non, sans doute, & son
sort me paroît d'autant plus déplorable, qu'il est
la suite d'une combinaison politique : de tout temps,
la Cour de Turin a montré une prédilection
marquée pour le Piémont, & porté toutes ses vues
du côté du Milanois, qu'elle a toujours desiré de
joindre aux Etats qu'elle possede. La Savoie, placée
en-deçà des Alpes, ouverte de tous les côtés, & sans
places fortifiées, lui a toujours paru comme sur

B

le point d'en être séparée, ou par les événements
d'une guerre, ou par des traités, ou par des circonstances imprévues; ainsi, l'on croit qu'au lieu
de chercher à l'enrichir par des établissements
utiles, elle n'a cherché au contraire qu'à l'épuiser;
tel est le sentiment qu'insinue clairement J. J. Rous-
seau dans ses Confessions, Liv. 4e, au sujet du
cadastre entrepris par le Roi Victor - Amédée.
Se pourroit-il que la politique des Cours fût si
cruelle & si dangereuse aux Peuples qu'elles gouvernent ?

- Mais en quoi consiste, dira-t-on, cette prédilection de la Cour pour le Piémont ? N'est-il pas
autant & même plus chargé d'impôts que la Savoie ? Leur fixation n'y est - elle pas également
arbitraire ? Oui, sans doute, les charges imposées
sur le Piémont sont fortes, & passent même pour être
onéreuses aux Habitants; mais c'est chez eux que
sont consommés presque tous les revenus de l'Etat;
c'est leur Capitale qui possède dans tous les temps
le Roi & la Famille Royale; ils environnent le
Trône, ils sont au foyer de tous les encouragements,
de tous les bienfaits & de toutes les graces.

Peut-être dira-t-on encore, (car nous devons pré-
venir toutes les objections) peut-être dira-t-on que
le Piémont, étant la portion la plus précieuse
des Etats du Roi de Sardaigne, il mérite aussi

une attention plus particuliere. Sans doute, il convient au Miniſtere de donner au commerce & aux manufaƈtures du Piémont tous les encouragements poſſibles, c'eſt dans cette Province belle & fertile qu'il peut trouver les plus grandes reſſources; mais faut-il pour cela qu'une autre Province, aſſez conſidérable par elle - même, & capable d'ajouter aux forces de l'Etat, ſoit entiérement négligée, & tombe dans une totale inaƈtion? Croit-on qu'il faudroit paralyſer quelques membres du corps humain, pour donner aux autres plus de vigueur?

MOYENS de remédier aux maux de la Savoie.

La troiſieme queſtion que je me ſuis propoſé d'examiner, eſt relative aux moyens que l'on pourroit employer pour remédier aux maux de la Savoie.

On peut conſidérer cette queſtion ſous deux points de vue différents, & dans l'état aƈtuel des choſes, & dans l'ordre des choſes poſſibles.

Quels ſont donc les moyens de reſtauration pour la Savoie, faiſant toujours partie des Etats du Roi de Sardaigne?

Je propoſe d'abord qu'il y ſoit établi, ſous le nom de *Conſeil général de la Savoie*, un Corps repréſentatif, compoſé des Députés élus librement par le Peuple dans tous les cantons; que ce Corps foit chargé d'examiner les befoins de la Province ; de recueillir toutes les plaintes, de les faire connoître à la Cour ; de fixer la contribution néceffaire aux établiffements publics ; de veiller à la répartition & à la perception des impôts ; de propofer enfin des Loix, des Réglements relatifs à l'Adminiftration de la Savoie.

A ces mots, combien vont s'élever contre ces vues, les partifans de l'autorité arbitraire, tous ceux qui tiennent en main quelques bouts des rênes du Gouvernement? & combien les principes que fuppofe un pareil établiffement font éloignés de ceux que paroît avoir adoptés la Cour de Turin ?

Quoi donc ! les Princes ne regneront - ils que lorfqu'ils laifferont à la difpofition de leurs Miniftres les biens & la liberté de leurs Sujets ? Quels font donc les fruits de ce malheureux fyftême ? Sans ceffe le Monarque fe défie de fes Peuples, la défiance amene la tyrannie, la tyrannie conduit aux foulevements & à l'indépendance ?

O Rois, confultez mieux vos véritables intérêts ; rendez vos Peuples libres, & jamais vous n'aurez befoin de vous armer contr'eux : vos Trônes feront d'autant mieux affermis, qu'ils auront pour bafe la liberté & le bonheur. N'êtes - vous pas affez grands de regner fur des millions d'individus, jouiffants de tous les droits de l'humanité ?

Quels que foient les principes miniftériels que l'on oppofe à ces vues fi fimples, fi naturelles, je ne laifferai pas d'infifter fur l'établiffement de ce Confeil adminiftratif, en démontrant fon utilité & même fa néceffité. Son utilité ne peut être incertaine, fi l'on confidere l'importance des objets fur lefquels il auroit à délibérer, & qui ne peuvent être approfondis que dans la difcuffion & par des inftructions particulieres. Tels font l'amélioration de l'Agriculture, la coupe réguliere des bois, les digues & conftructions pour contenir dans leurs lits les torrents & les rivieres; les encouragements du commerce, l'établiffement des manufactures néceffaires pour travailler les matieres premieres que fournit la Savoie, la laine, le chanvre & la foie; l'éducation publique, la liberté de la Preffe, &c. Tout eft à faire dans cette malheureufe contrée. Ce Confeil pourroit prendre en confidération la fuppreffion des corvées, qui pefent principalement fur les Habitants de la campagne, que l'on force à travailler gratuitement, tandis qu'ils manquent de pain; fur-tout il aviferoit aux moyens d'extirper la mendicité, qui prend en Savoie des accroiffements prodigieux, en profitant de l'heureux goût des Savoifiens pour le travail. Il chercheroit à arrêter cette prodigieufe émigration; ce mal cefferoit, dès que l'Habitant trouveroit à exercer

utilement fon induſtrie. Tous ces objets, & beaucoup d'autres dont pourroit s'occuper cette aſſem-
blée, ne manqueroient pas d'opérer des changements utiles au bien-être général de la Savoie.

Une telle inſtitution donneroit encore à la Cour
de Turin des connoiſſances toujours certaines ſur
l'état de la Province, répandroit l'eſprit public
parmi les Habitants, & les tireroit de cet engour-
diſſement qu'ils n'ont que dans leur Patrie & ſous
leur Gouvernement actuel. Ce n'eſt là qu'un foible
apperçu des avantages que l'on peut en retirer, &
qu'on ne peut apprécier que par l'expérience, &
par une infinité de détails qui paſſeroient les bornes
que je me ſuis preſcrites.

Ce n'eſt pas aſſez de dire que cette inſtitution
ſeroit utile ; on doit la regarder comme indiſ-
penſable, dans l'état de délabrement où ſe trouve
la Savoie ; ce n'eſt que par une réunion de lu-
mieres qu'elle peut être régénérée : il faudroit
connoître parfaitement tous ſes beſoins, & le vœu
général ſur les moyens de les faire ceſſer ; &
comment parvenir à ce réſultat, ſi ce n'eſt par
le raſſemblement des Députés de tous les cantons ?
Dans l'agitation de tous les eſprits & dans le voi-
ſinage de la France, ſi l'on ne donne au Peuple
quelque part à l'adminiſtration de ſes affaires,
n'eſt-il pas à craindre que par une convulſion

foudaine & dans des conjonctures fâcheufes pour
le Gouvernement, il ne cherche à s'en emparer?
Ainfi, l'intérêt de la Savoie & celui du Miniftere
démontrent également la néceffité d'un Confeil
adminiftratif.

D'où vient cette marche combinée du Cabinet
de Turin, pour détruire l'exiftence même de la
Capitale de la Savoie? Pourquoi forcer la jeuneffe
d'aller étudier dans une ville dont elle ne connoît
point la langue? Etabliffez une Univerfité à Chambery; cherchez à y retenir & attirer les hommes
inftruits? Miniftres Italiens, vous ruinez la Savoie
par les principes de votre maître en politique, de
Machiavel; fongez aux fuites qu'aura infailtible-
ment votre infernale combinaifon, elle allumera
la rage dans l'ame paifible du Savoifien; & je
vous le prédis, vous ferez les premieres victimes.

La profpérité de la Capitale reflueroit bientôt
vers toutes les parties de la Province; elle y re-
tiendroit fes Habitants; les émigrations cefferoient,
& une fois, la Savoie n'iroit pas remplir la France,
la Suiffe & l'Allemagne du bruit de fa mifere
& de fa pauvreté; le Gouvernement lui-même,
en acquérant plus de confiftance, s'y prépareroit
des reffources dont il pourroit fe fervir au befoin.

L'établiffement que je viens de propofer, ne
pourroit manquer d'exciter la plus vive émulation

dans toutes les claffes de la fociété; mais il faudroit l'exciter principalement parmi la jeuneffe, l'efpoir de la Patrie, en tâchant, par tous les moyens, de former des Citoyens, des Sujets capables de remplir toutes les places de l'Adminiftration.

Il faudroit, à cet effet, profcrire dès le commencement des études, cette tendance des Maîtres vers l'Etat Eccléfiaftique; il faudroit que les Inftituteurs montraffent à la jeuneffe les différentes parties des connoiffances humaines, comme des carrieres également bonnes pour fe rendre utile à fa Patrie. Il faudroit établir des Ecoles publiques pour l'Art vétérinaire, la Phyfique, la Chirurgie, la Médecine, la Botanique, &c. & transformer le Séminaire que l'on nomme *College Royal de Chambery*, en Univerfité, où pourroient prendre leurs grades, dans toutes les Facultés, les Habitants de Savoie; réuniffez cette foule de Maifons Religieufes; arrêtez les progrès du fanatifme italien, qu'il s'arrête aux barrieres de la Savoie. Ainfi fe répandroit de toute part l'inftruction, en la mettant à la portée des perfonnes qui auroient le moins de fortune; ainfi fouvent fe formeroient des talents diftingués, dont les germes font étouffés, faute d'encouragements ou de moyens qui puiffent les développer.

C'eft alors feulement que l'on pourroit former des Bibliotheques publiques, des établiffements pour l'avancement de l'Agriculture, du Commerce & des Arts ; car fi l'on ne répand pas auparavant du goût & des connoiffances préliminaires ; fi l'on ne donne à tous les Citoyens des motifs d'encouragements & d'activité, tout établiffement, toute réforme fera inutile ; il faut à la Savoie un plan général de reftauration.

Paifibles Savoifiens, vous dont les vœux & l'ambition furent toujours modérés, fi par un événement dont l'hiftoire ne fournit aucun exemple, votre Prince, de fon propre mouvement, & fans être follicité par aucune circonftance particuliere, vous rendoit tout-à-coup cette liberté qui vous convient & qui peut faire encore votre bonheur ; s'il cherche à vous donner des Repréfentants, à connoître les maux qui vous obfedent, à vous procurer tous les moyens de les guérir, à fupprimer toutes les loix qui fentent l'efclavage & le defpotifme, à vous rendre enfin cette vie active qui vous manque ; Citoyens, attachez-vous à lui par des liens indiffolubles ; que le nom de la Savoie foit à jamais inféparable de celui du Prince & de la Maifon qui la gouvernent.

Si cependant ce projet fublime n'entre point dans le cœur vertueux de votre Monarque, ou plutôt s'il en est écarté par les conseils qui l'entourent, ne désespérez pas encore du salut public. Le temps, les événements & la nécessité changeront sûrement votre fort. La mesure de vos maux paroît comblée, & c'est toujours au dernier période du malheur, & dans le moment d'une crise violente, qu'un Peuple, quelque abattu qu'il paroisse, reprend tout-à-coup son courage & son énergie.

S'il arrivoit que l'état des choses vînt à changer dans la Savoie, c'est-à-dire, qu'elle ne fît plus partie des États du Roi de Sardaigne, quelles seroient toutes les suppositions possibles à faire à cet égard ? Quels seroient enfin les changements que pourroient amener les circonstances & le temps ? Ou ce Pays pourroit devenir partie intégrante de l'Empire François, ou bien encore se gouverner lui-même, étant allié de la France ou de la Suisse.

Dans ces suppositions, la Savoie n'auroit rien à perdre, elle auroit au contraire tout à gagner. En faisant partie de la France, la Savoie jouiroit de tous les avantages que l'on doit attendre de la nouvelle Constitution de ce grand Royaume ; en se gouvernant elle-même, elle auroit tous ceux que donne la liberté, & l'on peut aisément se faire l'idée de son bonheur, en contemplant l'inaltérable tranquillité du Corps Helvétique.

L'état actuel de la Savoie est donc le pire de

tous ceux qu'on peut lui fuppofer ; elle ne doit donc point redouter les changements, puifque toute mutation quelconque ne peut tourner qu'à fon avantage.

Si donc, fuivant toutes les probabilités, l'efprit public vient à s'étendre dans cette contrée, fi la Savoie parvient à connoître fa fituation, l'on doit néceffairement s'attendre à des mouvements, à des infurrections ; & combien ne font-elles pas faciles dans un pays par-tout entrecoupé de montagnes, où les Habitants vivent de peu, & ne font point amollis par le luxe ? Lorfque les Carthaginois voulurent foumettre la Sardaigne, les Habitants fe retirèrent dans les montagnes du Nord, d'où l'on ne put les faire fortir. Les Suiffes n'ont-ils pas oppofé leur courage & leurs rochers à toute la puiffance des Empereurs, qui n'ont pu les réduire fous leur joug ? Ces maffes énormes placées çà & là fur le globe, femblent être les barrieres naturelles que la liberté peut toujours oppofer au defpotifme.

Ce ne font que des événements naturels que l'on prévoit, & qui doivent être la fuite néceffaire des circonftances où fe trouve la Savoie.

O toi, Monarque bon & fenfible qui gouverne ma Patrie, Victor-Amédée, en qui cette Province avoit mis toute fon affection & toute fon eſpérance, ſouviens-toi que ces Savoiſiens, que les Piémontois que tu écoutes, tyranniſent en ton nom, établirent tes ancêtres dans le Piémont, au prix de leur ſang; que le temps viendra où ce bon Peuple, las d'un Gouvernement deſpotique, retrouvera l'ancienne valeur des Allobroges, & renverſera tout ce qui s'oppoſe à ſon bonheur. Préviens les malheurs que pourroit entraîner parmi ton Peuple une ſecouſſe trop violente; préviens ces maux, non par la terreur & par les armes, mais par un Gouvernement fondé ſur les droits impreſcriptibles de l'humanité; donne à l'univers une preuve de la ſageſſe qui fut ſouvent le partage de tes ancêtres. Qu'il ſe faſſe une révolution totale en Savoie, quelques réformes partielles ne ſeroient que des palliatifs dangereux; mais opere toi - même un changement que ſollicitent les circonſtances; d'autres temps, d'autres loix; ſonge que la Savoie eſt aux portes de la France, qu'elle parle le même langage; que les ouvrages des Ecrivains François qui ne reſpirent plus que patriotiſme & liberté, y ſont accueillis & lus avec enthouſiaſme; que l'inquiſition qu'on a établie en ton nom ſur l'importation de ces écrits, loin d'en arrêter le cours, ne ſervira qu'à les faire rechercher avec plus d'avidité; ſonge que la Savoie ne peut plus ſubſiſter ſous le régime oppreſſeur qui la conſume;

donne-lui un Confeil qui puiffe la défendre.
Charles-Emmanuel l'a affranchie du régime féodal,
il feroit digne de toi de la remettre en poffeffion
de tous fes droits : tu n'as plus pour une fi grande
action qu'à fuivre les mouvements de ton cœur,
les confeils de ta raifon, & le vœu d'un Peuple
qui ne demande qu'à s'attacher fon ancien Chef.
Mais, hélas ! la foule des ennemis de ce Peuple t'af-
fiege, ils te feront entendre des maximes bien
oppofées, des principes deftructeurs de la véritable
gloire des Rois; ils te parleront de ton autorité
pour ne conferver que la leur ; ils t'empêcheront
d'être toi-même ; ils afferviront tes talents à la
routine ordinaire des Cours; & ce font tes vertus
même qu'ils armeront contre tes Peuples & contre
toi !